AF473210

CATALOGUE

DE

DESSINS

ANCIENS ET MODERNES

Dont la vente aux enchères publiques aura lieu

HOTEL DES COMMISSAIRES-PRISEURS, RUE DROUOT, N° 9

SALLE N° 4

Les Lundi 22 et Mardi 23 Janvier 1883

A DEUX HEURES PRÉCISES

Par le ministère de Me **MAURICE DELESTRE**, Commissaire-Priseur,
27, rue Drouot, 27.

Assisté de M. **CLEMENT**, Marchand d'Estampes de la Bibliothèque Nationale,
rue des Saints-Pères, 3.

EXPOSITION PUBLIQUE

Le Dimanche 21 Janvier 1883

DE DEUX HEURES A CINQ HEURES

PARIS — 1883

CONDITIONS DE LA VENTE

Elle sera faite au comptant.

Les adjudicataires payeront *cinq pour cent* en sus des enchères.

Les attributions des possesseurs ont été conservées.

ORDRE DE LA VACATION

L'ordre du Catalogue sera suivi.

Lundi 22 Décembre. — Numéros......... 1 à 177

Mardi 23 — — Numéros......... 178 à la fin.

DÉSIGNATION

DESSINS ANCIENS ET MODERNES

ABBÉMA (Louise)

1 — Portrait de Sarah Bernhardt.

A la plume. Signé en toutes lettres.

ALFANI (Paris)

2 — La Vierge, l'enfant Jésus et sainte Catherine.

A la pierre noire, sur papier gris.

ALLOU

3 — Portrait de l'acteur Josselin dans la *Coupe enchantée*.

A la sanguine.

ASSELYN, dit Crabetje

4 — Ruines en Italie.

A la plume et au lavis de bistre. Signé.

AVERCAMP (H.)

5 — Enfants jouant sur un canal glacé.

A la plume et à l'aquarelle.

BARBARELLI, dit LE GIORGION

6 — Homme nu.

A la sanguine.

LE BARBIER (J.-J.-F.)

7 — Bacchanale.

A la plume et au lavis d'encre de Chine, avec rehauts de blanc. Collection Choron.

BARBIERI (FRANCESCO), dit LE GUERCHIN

8 — Saint Jérôme en prières.

Beau dessin à la plume, lavé de bistre.

9 — Paysage avec figures; au fond des barques sillonnent un fleuve qui coule au pied de hautes montagnes.

A la plume, lavé de bistre.

10 — Paysage avec figures et des ruines.

A la plume, lavé de bistre.

BAROCCI (FEDERIGO)

11 — L'Adoration des bergers.

A la plume et au lavis de bistre.

BAROZZIO (MIGUEL)

12 — Adoration des bergers.

Composition importante à la plume et au lavis de bistre, avec rehauts de blanc sur papier bleu.

13 — La Circoncision.

Beau dessin à la plume et au lavis de bistre, avec rehauts de blanc sur papier bleu.

DE LA BELLA (STEPHANUS)

14 — Sujet historique.

Jolie composition à la plume et au lavis d'encre de Chine. A été gravé à l'eau-forte par le maître.

BELLINI (Giovanni)

15 — Saint François d'Assises recevant les stigmates.

A la plume.

BERNINI (il Cavaliere)

16 — Portrait d'un cardinal.

A la pierre noire et à la sanguine.

BERGEN (Dirck Van)

17 — Animaux aux repos.

A la pierre noire et à divers lavis.

BERGHEM (Nicolas)

18 — Scène champêtre.

Figures et animaux, au pinceau et au lavis d'encre de Chine sur papier gris. Collection Guichardot.

BEYEREN (Ab. Van)

19 — Le produit de la pêche.

A la pierre d'Italie, sur papier gris.

BIBIENA (Galli)

20 — Baptême dans une église.

A la plume, avec léger lavis d'encre de Chine.

BLANCHARD (Jacques)

21 — Son portrait par lui-même.

A la pierre noire et au lavis d'encre de Chine.

BLANCHET (Thomas), de Lyon

22 — Feuille d'étude : Homme assis, Femme debout.

A la pierre noire et à la sanguine.

BLIEK (D. Van)

23 — Homme et Femme chantant.

Charmant dessin à la mine de plomb. Signé, daté 1654. Sur vélin.

BOILLY (L.)

23 *bis* — Monsieur....... Monsieur Marlborough est mort!! Gamins de Paris.

A la plume et à l'aquarelle.

BOTH (André)

24 — Cinq buveurs attablés. Effet de lumière.

A la plume et au lavis de bistre.

BOTH (Jean)

25 — Paysage avec figures et animaux.

Beau dessin au lavis d'encre de Chine.

BOUCHER (François)

26 — Le Prologue de Psyché.

A la sanguine.

27 — Scène champêtre, avec figures et animaux.

A la pierre noire et au lavis d'encre de Chine.

BOUT (Pieter)

28 — Halte de cavaliers.

A la plume et au lavis d'encre de Chine. Signé P. Bout.

BRAUWER (Adriaan)

29 — Scène de cabaret.

A la sanguine. Collection Édouard Peart.

BRILL (Paul)

30 — Canal gelé en Hollande avec patineurs.

A la plume, lavé de bistre. Collection Ph. Lankring.

BUONACORSI, dit Perino del Vaga

31 — Deux dessins en forme de frise sur la même feuille.

A la plume et au lavis de bistre.

CALIARI, dit Paul Véronèse

32 — Dessin à deux faces :

1° Au recto, Etude pour le tableau de la National Gallery.

A la pierre noire.

2° Au verso, Tête d'homme, femme tenant un vase.

A la pierre noire. Collections du comte de Fries et Jules Dupan, de Genève.

CALENDRUCCI

33 — Le Consul Mummius après la prise de Corinthe reçoit des otages.

Beau dessin à la plume, lavé de bistre avec rehauts de blanc.

CALLOT (Jacques)

34 — Gloire de la Sainte Trinité.

Joli dessin à la plume.

CAMPHUYSEN (Govaert)

35 — Bords du Rhin.

A la plume et au lavis d'encre de Chine. Collection Guichardot.

CANALETTI (Antonio)

36 — Vue de Venise.

A la plume et au lavis de bistre.

CANO (Alonzo)

37 — Assomption de la Vierge.

A la plume et au lavis de bistre. Collection Pierre Lely.

CARAVAGGIO (Polydoro)

38 — La Mort de Patrocle.

A la plume et au lavis de bistre.

CARESME (Ph.-J.)

39 — Fête de Pan.

Dessin à la plume et au lavis d'encre de Chine.

CARPI (Hugo da)

40 — Le Saint Esprit descendant sur la Vierge et les Apôtres.

A la plume et au lavis de bistre, avec rehauts de blanc sur papier préparé.

CARPIONI (Giulio)

41 — Enfant levant un verre de la main gauche.

A la pierre noire et à la sanguine.

CARRACCI (Annibale)

42 — Bacchanale, dessin en forme de frise.

A la plume, lavé de bistre. Collection Duval Le Camus.

CARRACCI (Ludovico)

43 — Sainte Cécile.

A la plume. Collection Duval Le Camus.

CARUCCI (Jacopo), dit le Pontorme

44 — Cérémonie religieuse dans une église.

A la plume et au lavis de bistre. Collections Th. Lawrence et Richardson père.

CASANOVA (F.)

45 — Mêlée de cavaliers.

A la pierre noire et à la sanguine, avec rehauts de blanc, sur papier gris.

46 — Paysage avec figures et animaux.

Au lavis de bistre. Signé.

CASTIGLIONE (G.-B.)

47 — Jacob se rendant en Égypte avec sa famille et ses troupeaux.

A la plume et au lavis de couleurs.

48 — Le Marchand de gibier.

Bon dessin à la plume, à la sanguine et à divers lavis. Signé.

CATS (Jacob)

49 — Paysage d'une grande étendue. Très fini.

A la plume, lavé d'encre de Chine. Signé au verso et daté de 1794.

CAUVET (G.-P.)

50 — Quatre motifs d'ornement sur la même feuille.

A la plume et au lavis de bistre.

CAVEDONE (J.)

51 — Tête d'enfant.

A la pierre noire.

CESARI (G.), dit le Josépin

52 — Saint Sébastien.

A la sanguine.

53 — Tête de jeune fille.

A la sanguine.

CICERI (E.)

54 — Vue de Nantes.

Belle aquarelle avec quantité de figures.

CICERI (P. et E.)

55 — Deux dessins :

1° Décor de théâtre.

A l'aquarelle.

2° Paysage.

Au crayon. Signé et daté E. C. 49.

CIGNANI (Carlo)

56 — Deux figures.

A la pierre noire et à la sanguine.

CHALON (Ch.)

57 — Groupe d'enfants.

A la plume et au lavis d'encre de Chine.

CHAMPAIGNE (Ph. de)

58 — L'Éducation de la Vierge.

A la pierre noire.

CHARDIN (Siméon)

59 — Femme filant au rouet

A la pierre noire, à la sanguine avec rehauts de blanc.

CHARLET (N.-T.)

60 — Portraits de deux généraux.

A la plume et au lavis d'encre de Chine. Signé.

61 — Pour le mémorial de Sainte-Hélène.

Dessin à la mine de plomb. Signé.

CHASSELAT (Th.)

62 — Quatre dessins pour illustrations, sur la même feuille.

A la plume et au lavis de bistre. Signés et datés.

CLODION

63 — Danse de Bacchantes.

A la plume et au lavis de bistre.

CORREGIO (A.), dit le Corrège

64 — L'Enfant Jésus jouant avec un mouton.

A la sanguine.

65 — Femme souriant.

A la sanguine.

CORTONE (PIETRO DA)

66 — Allégorie religieuse pour une peinture décorative.

A la plume et au lavis d'indigo. A été tiré aux carreaux.

COURTOIS (JACQUES), dit LE BOURGUIGNON

67 — Cavalier demandant son chemin à un piéton.

A la plume et au lavis de bistre. Collection du baron Denon.

68 — Une Bataille.

A la plume et au lavis de bistre.

COYPEL (CH.)

69 — Don Quichotte écoutant le récit des malheurs de la Doloride.

Beau dessin à la pierre noire, à la sanguine avec rehauts de blanc, sur papier gris. A été tiré aux carreaux et exécuté en tapisserie des Gobelins.

CUYP (ALBERT)

70 — Étude de cavaliers.

Beau dessin à la plume et au lavis d'encre de Chine.

DAVID (LOUIS)

71 — Le Sacrifice d'Iphigénie.

A la plume et au lavis d'encre de Chine.

DANLOUX (P.)

72 — Portrait de femme.

A la pierre noire.

DELAFOSSE (J.-CH.)

73 — Modèle pour des chenets.

A la plume et au lavis d'encre de Chine.

74 — Trophée d'attributs divers.

A la plume et au lavis d'encre de Chine.

75 — Panneau décoratif.

A la plume et au lavis d'encre de Chine.

DELAFOSSE (J.-Ch.)

76 — Dessin allégorique avec la légende : « *Summis se impendit et imis.* »

Beau dessin à la plume et au lavis de bistre.

DESRAIS (L.)

77 — Sainte Fainéante.

Amusant dessin à la plume lavé de bistre.

78 — Quatre dessins sur la même feuille, pour l'histoire de don Quichotte.

A la plume et au lavis de sépia.

DIEPENBECK (Abr.)

79 — Saint Ambroise refusant l'entrée de la cathédrale de Milan à l'empereur Théodose.

Joli dessin à la plume lavé de bistre avec rehauts de blanc.

DOES (S. Van der), le Vieux

80 — Site champêtre ; berger avec son troupeau.

A la pierre noire.

DOLCI (Carlo)

81 — Tête de Christ.

A la plume et au lavis d'encre de Chine.

DOOMER (Jacques)

82 — Vue des bords du Rhin.

A la plume, lavé de bistre et d'encre de Chine.

DROUAIS (H.)

83 — Tête de jeune fille.

A la pierre noire et à la sanguine.

DUBOIS père

84 — Deux dessins pour décoration, sur deux feuilles.

A la plume et à l'aquarelle.

DUCERCEAU

85 — Études d'architecture.
A la plume.

DUEZ (E.)

86 — Jeune femme en costume de ville.
A la plume. Signé.

DUCHÉ DE VAUCY

87 — Deux dessins sur deux feuilles. Bustes de femmes
A la pierre noire.

DUPLESSIS-BERTAUX

88 — Deux dessins :
1° Bonaparte au 18 brumaire ;
A la pierre noire.
2° Bonaparte à Toulon.
A la sanguine.

89 — Plusieurs sujets sur la même feuille.
A la plume et au lavis de sépia. Marque de collection.

DUQUESNOY (F.), dit FIAMINGO

90 — Têtes d'enfants.
A la pierre noire avec rehauts de blanc sur papier bleu.

DURER (ALBERT)

91 — Dessin à double face, pour la gravure sur bois. Au recto une fuite en Égypte. Au verso intérieur d'étable.
A la plume.

92 — L'Homme de douleurs.
A la plume. Collection sir Joshua Reynolds.
Au verso, une figure à la mine d'argent et une marque de Collection.

93 — La Résurrection de Lazare.
Beau et curieux dessin à la plume.

DUSART (Corneille)

94 — Le Marchand de pommes.

A la plume, vigoureusement lavé de bistre.

DYCK (Ant. Van)

95 — Deux Hommes debout enveloppés de manteaux.

Dessin d'un grand caractère. A la pierre noire.

ECHARDT

96 — Patineurs sur un canal glacé.

A la plume et au lavis de bistre. Signé, daté 40.

ÉCOLE ALLEMANDE

97 — Le Christ en croix.

A la plume, à la sanguine, avec rehauts de blanc.

98 — Deux études pour un saint Michel terrassant le dragon.

Collection Vallardi, de Milan. A la plume.

99 — Saint Jean dans l'île de Pathmos.

A la plume, avec rehauts de blanc sur papier préparé. Collections Mayer et Choron. Ce dessin porte un monogramme et la date 1572.

ÉCOLE ITALIENNE

100 — Décoration pour un plafond.

A la plume et au lavis de couleurs. Au centre un sujet allégorique.

EISEN (Th.)

101 — Dessin en forme de frise. Jeux d'enfants.

A la pierre noire.

102 — Pastorale dans un encadrement rocaille.

A la plume, avec léger lavis d'encre de Chine.

ESSELENS (Jacob)

103 — Le Passage du bac.

A la plume et au lavis de bistre.

EVERDINGEN (Albert)

104 — Marine avec rocher au premier plan.

A la plume et au lavis de bistre. Signé du monogramme.

FATTI (Jacopo), dit Sansovino

105 — Dessin à deux faces. Mascarons et cartouches.

A la plume et à divers lavis.

FLAMENG (Albert)

106 — Deux dessins d'animaux sur la même feuille.

A la plume. Collection Dimsdale.

FLORIS (Franz)

107 — Le Festin des Dieux.

Beau dessin à la plume et au lavis d'indigo. Signé du monogramme.

FOKKE (Siméon)

108 — Deux feuilles. Vignettes pour illustrations.

A la plume et au lavis d'encre de Chine.

FRAGONARD

109 — Douze dessins, sujets divers.

A la plume.

110 — Deux dessins de vases sur deux feuilles.

A la plume et au lavis d'encre de Chine.

111 — Adoration des bergers.

Charmant croquis à la sanguine, lavé de bistre.

112 — Dessin en forme de frise avec une nichée d'amours.

A la plume lavé de bistre. Collection Fourau.

113 — Intérieur d'atelier.

A l'encre et à la pierre noire, avec rehauts de blanc.

FREUDEBERG (S.)

114 — Deux sujets. Scènes et costumes suisses. Deux pendants.

A l'aquarelle.

GADDI (Taddéo)

115 — Femme nue vue de dos.

A la sanguine.

GELÉE (Claude), dit le Lorrain

116 — Paysage avec des laveuses.

A la plume. Au verso, une étude au lavis de bistre. Collection Guichardot.

117 — Paysage avec figures et animaux.

A la plume lavé d'encre de Chine, avec rehauts de blanc sur papier bleu. Collections R. Houlditch et J.-C. Robinson.

118 — Paysage avec des ruines, figures et animaux.

Dessin à la plume, vigoureusement lavé d'encre de Chine.

GÉRICAULT (Th.)

119 — Scène d'amoureux d'après Fragonard. Collection Mahérault.

Au crayon noir.

GILLOT (Claude)

120 — Vingt-trois dessins. Déguisements.

A la sanguine. (Sera divisé.)

GIRODET (A.-L.)

121 — Trophées des vainqueurs de la Bastille.

A la pierre noire, lavé d'encre de Chine.

GOZZOLI (Benozzo di Lese)

122 — La Coupe de Pharaon retrouvée dans le sac de Benjamin.

A la plume. Collection du baron Denon.

GOYEN (Jan Van)

123 — Halte de villageois près d'une chaumière.

A la pierre noire lavé d'encre de Chine. Signé et daté 1651.

124 — Paysage animé de nombreuses figures.

A la pierre noire et au lavis d'encre de Chine. Signé et daté 1652.

125 — Un canal glacé en Hollande, avec patineurs et animaux.

A la pierre noire lavé d'encre de Chine. Signé et daté 1642.

126 — Bords d'un canal.

A la pierre noire et au lavis d'encre de Chine. Signé et daté 1653.

127 — Marché en Hollande.

Superbe dessin au lavis de couleurs, avec de nombreuses figures. Les dessins aquarellés du maître sont fort rares.

GRANDVILLE (J.-J.)

128 — Cinq feuilles pour les signes du zodiaque. Le Capricorne, le Lion, l'Écrevisse, le Bélier et le Verseau.

A la plume.

129 — Cinq dessins. Acteurs du théâtre Comte.

A la plume.

130 — Sept dessins. Charges sur Mlle Georges, la tragédienne.

A l'aquarelle. Signés du monogramme.

131 — Sept dessins. L'acteur Lepeintre jeune dans divers rôles.

A la plume, à la sanguine et à l'aquarelle.

132 — La Discussion, ou le Grand Conseil des animaux.

A la plume et au lavis de sépia.

GRAVELOT (H.)

133 — Femme debout et drapée.

Au lavis de bistre.

134 — Vignette pour l'illustration d'un ouvrage.

A la plume.

**

GRAVELOT (H.)

135 — Vignette pour illustration d'un ouvrage.

A la plume. Signé.

136 — Vignette pour Orosmane.

A la plume lavé d'encre de Chine.

137 — Frontispice pour les œuvres du Tasse. (On lit sur une draperie : C'est en vain que la mort envieuse lui a enlevé la couronne.)

Beau dessin à la plume, lavé de bistre.

GUARDI (Francesco)

138 — Navires battus par la tempête.

A la plume vigoureusement lavé de bistre.

GUASPRE-POUSSIN (G.)

139 — Paysage.

A la plume et au lavis d'encre de Chine.

GUÉRIN (P.-N.)

140 — L'Amour active avec un flambeau la marche d'une tortue chargée des attributs de la Peinture.

A la plume et à l'aquarelle. Signé.
Les dessins du maître sont très rares.

HEYDEN (Jan Van der)

141 — Vue de ville hollandaise ; bords d'un canal.

A la plume et à l'aquarelle.

HIMPEL (Antoine-Ter)

142 — Site hollandais.

A la plume et au lavis d'encre de Chine. Signé en toutes lettres.

HOBBEMA (Meindert)

143 — Paysage.

Beau dessin à la pierre noire et au lavis d'encre de Chine, avec rehauts de blanc sur papier bleu. Collections Verstolk de Soelen, et de Kat.

HOUEL (J.-P.-L.)

144 — Deux dessins sur deux feuilles. Paysages avec figures.

A la plume, avec lavis de bistre et d'encre de Chine. Signés.

145 — Cinq dessins. Motifs décoratifs sur cinq feuilles.

A la plume, lavés d'encre de Chine. Avec les gravures.

HUET (J.-B.)

146 — Etude de sarcelles.

A l'aquarelle. Signé, daté 1786.

147 — Panneau décoratif.

Beau dessin à l'encre rouge et au lavis de sanguine. A été gravé en contre-partie par Demarteau, 2e cahier, 3e planche.

148 — Vénus et l'Amour.

Petite gouache de la plus grande finesse. Collection Mahérault.

HUTIN (Ch.)

149 — Portrait de Jules Hutin, sculpteur, son frère.

A la pierre noire, avec des touches de sanguine et rehauts de blanc. Collection du chevalier de Damery.

HUYSUM (Jan Van)

150 — Fleurs et fruits.

Superbe croquis à la pierre noire et au lavis d'encre de Chine.

INGRES (J.)

151 — Saint Georges terrassant le dragon.

Mine de plomb et sanguine.

ISABEY (J.)

152 — Titre de l'album de charges faites pour Cicéri.

A la plume, lavé de bistre et d'indigo. Signé, daté 1828.

153 — Procession sortant d'une cathédrale, Page offrant le bras à une Châtelaine.

Deux dessins à la sépia. Signés.

JACOBS (L.), dit Lucas de Leyde)

154 — Trois feuilles d'études.

A la plume.

155 — Scène Biblique.

Superbe dessin à la plume et au lavis de couleurs.

JARDIN (Karel du)

156 — Paysage avec des falaises. Figures et animaux.

A la plume et au lavis de bistre.

JORDAENS (Jacob)

157 — Le Christ consolateur des affligés.

Bon dessin à la pierre noire et à l'aquarelle.

KOBELL (Jean)

158 — Vaches sortant de l'étable.

A la mine de plomb et au lavis d'encre de Chine.

159 — Pâtre conduisant son troupeau.

A la pierre noire.

KONINCK (Philippe de)

160 — Beau paysage.

A la plume et au lavis de couleurs. Collection Despéret.

LAAR (P. de)

161 — Enfants jouant avec un chien, à la porte d'un monument.

A la pierre noire. Collection Ch. Gasc.

LAGNEAU

162 — Vieille femme portant des besicles, et comptant des pièces de monnaie.

A la pierre noire et au lavis de couleurs.

LALANNE (M.)

163 — Site breton.

Fusain.

LANGENDYK (Dirk)

164 — Deux hommes déchargent une voiture de foin.

A la plume et au lavis de bistre. Signé et daté 1776.

165 — Intérieur de cour en Hollande. Figures accessoires et animaux.

A la plume et au lavis d'encre de Chine. Signé.

LANCRET (Nicolas)

166 — Deux dessins. Homme assis à terre, appuyé sur la main gauche; femme assise. Deux feuilles.

A la sanguine.

LAQUY (J.)

167 — Intérieur de cour avec figures et accessoires.

A la plume et au lavis de bistre. Signé.

168 — Intérieur Hollandais. Deux figures.

A l'aquarelle. Signé Laquy inv.

LEBRUN (Ch.)

169 — Trois dessins d'ornement sur trois feuilles.

A la pierre noire.

LEEN (Van)

170 — Le groupe principal de la cascade de Saint-Cloud vu par derrière, en 1790.

A la mine de plomb et à l'aquarelle.

LÉGER.

171 — Quatre dessins décoratifs pour l'Élysée.

A la plume sur papier gris.

LEMOYNE (F.)

172 — Moïse sauvé des eaux.

Beau croquis à la pierre noire avec rehauts de blanc sur papier bleu. Pour un panneau décoratif.

LENAIN

173 — Enfants en buste.

A la pierre noire et au lavis de couleur.

174 — Deux enfants à mi-jambes.

A la pierre noire et à la sanguine, avec rehauts de blanc.

LEPRINCE (J.-B.)

175 — Paysage avec figures.

Au lavis d'encre de Chine. Signé et daté 1777.

176 — Campement de Tcherkesses.

A la mine de plomb et à la plume, sur vélin. Collection Guichardot.

177 — Scène orientale.

Joli croquis à la plume lavé de bistre.

LESUEUR (E.)

178 — Étude pour la vie de Saint-Bruno.

A la pierre noire avec rehauts de blanc sur papier gris.

LIEVENS (JAN)

179 — Paysage boisé, avec figures.

A la plume sur papier du Japon.

180 — Tête de vieillard.

A la plume lavé de bistre.

LIGOZZI

181 — Une sainte tenant une corbeille.

Au lavis de bistre avec des rehauts d'or. Collections sir Joshua Reynolds et Pierre Lely.

LIONI (OTTAVIO)

182 — La signora Emilia Jula Salignamis.

A la pierre noire avec rehauts de blanc.

183 — Autre portrait de femme.

A la pierre noire avec rehauts de blanc.

184 — Portrait d'un cardinal.

A la pierre noire et à la sanguine, daté 1629.

LIPPI (FRA FILIPPO)

185 — Homme debout vu de dos, s'appuyant sur un bâton.
A la sanguine.

LOUTHERBOURG (PH.-J.)

186 — Patron hollandais et son pilote.
A la plume et au lavis de bistre daté et signé : Havre 1764.

LUCATELLI (A.)

187 — Marché sur une place publique, à Gênes.
A la pierre noire.

MAAS (N.)

188 — Femme âgée lisant.
Dessin à la sanguine. Signé du monogramme et daté 1672.

MARATTI (C.)

189 — Apothéose d'un saint.
Beau dessin avec rehauts de gouache sur papier préparé. Collections Th. Lawrence, Nils Barck, Ch. Rogers et Gasc.

190 — Monument funèbre de Daniel de Volterre.
Superbe dessin à la pierre noire avec rehauts de blanc sur papier gris.

MARCELLIS (O.)

191 — Couleuvre, Papillons, dans un paysage.
A l'aquarelle et à la gouache.

MARILLIER (P.-C.)

192 — Vignette pour les œuvres de Fénelon.
A la plume et au lavis d'encre de Chine.

MARLY (E.)

193 — Encadrement de glace.
Joli dessin à la mine de plomb très terminé. Signé, daté 1837.

MARUE (L. DE)

194 — Paysage avec figures et animaux.

Joli croquis au lavis d'encre de Chine.

MARTINET

195 — La naissance du duc de Berry. Composition importante.

A la mine de plomb.

MASACCIO

196 — Le Christ portant sa croix.

Dessin à la plume et au lavis.

197 — Tête d'homme.

A la pierre noire. Collection Benjamin Fillon.

MEULEN (A. VAN DER)

198 — La Chasse royale.

A la pierre noire.

MICHEL (G.)

199 — Un lot de cinq dessins.

200 — Vue de ville en Hollande.

A l'aquarelle.

MOLYN (P.)

201 — Paysage avec figures et animaux.

A la pierre noire en au lavis d'encre de Chine. Signé.

202 — Paysage avec figures et animaux.

A la pierre noire et au lavis d'encre de Chine. Signé.

203 — Paysage.

A la pierre noire et au lavis d'encre de Chine. Signé, daté 1654.

204 — Paysage. Un berger et son troupeau.

A la pierre noire et au lavis d'encre de Chine. Signé.

MOLYN (P.)

205 — Bords d'un canal. Barques et personnages.

A la pierre noire et au lavis d'encre de Chine. Signé.

MONNIER (H.)

206 — « La peinture d'histoire et les glacis, c'est mon genre. »

A l'aquarelle.

MONSIAU (N.-A.)

207 — Diane et ses nymphes surprises par Actéon.

A la plume et à l'aquarelle.

208 — Le triomphe d'Amphitrite.

Charmante composition à la plume et à l'aquarelle. Signé et daté Monsiau 1791.

MOREAU (L.), dit L'AÎNÉ

209 — Paysage avec figures et animaux.

A la plume avec lavis de bistre.

210 — L'Ancien donjon de Vincennes.

A la mine de plomb et au lavis d'encre de Chine.

211 — Un pavillon dans le parc de Saint-Cloud.

Joli dessin à la plume et à l'aquarelle.

MORO (ANTONIO)

212 — Portrait de femme.

A la plume. Collection Despéret.

MOUCHERON (J.)

213 — Paysage avec figures, animaux et architecture.

Beau dessin à la plume et au lavis de couleurs.

MULLER

214 — Ornement rocaille.

A la plume et au lavis d'encre de Chine. Signé.

MURILLO (B.-E.)

215 — Évêque administrant un mourant.

A la pierre noire et à la plume.

NANTEUIL (R.)

216 — Cérémonie dans une église.

Plume lavée de bistre et d'encre de Chine.

217 — Portrait d'homme.

A la pierre noire et à la plume.

NEER (Aart Van der)

218 — Mise à l'eau d'une barque de pêche, avec nombreuses figures.

Beau dessin à la pierre noire.

NILSON (J.-E.)

219 — Deux dessins. Encadrements pour portraits. Deux feuilles.

A la plume. Très terminés.

220 — Deux dessins. Encadrements pour portraits. Deux feuilles.

A la plume. Très terminés.

221 — L'Automne. Charmante composition.

A la plume. A été gravé.

NOOMS (R.), dit Zeeman

222 — Marine.

Charmant dessin au lavis d'encre de Chine.

NORBLIN DE LA GOURDAINE

223 — Marché aux chevaux en Pologne.

A la plume et au lavis d'encre de Chine.

224 — Le Rémouleur. Costumes du XVIIIe siècle.

A l'aquarelle.

NORBLIN DE LA GOURDAINE

225 — Le Montreur de marmotte. Costumes du XVIIIe siècle.

A l'aquarelle.

226 — Soldats passant un gué.

A l'aquarelle.

227 — Bataille entre cavaliers et fantassins.

A l'aquarelle.

OMMÉGANCK (P.-B.)

228 — Paysage avec figures et animaux.

A la plume et au lavis d'encre de Chine.

OSTADE (ADRIAAN VAN)

229 — Intérieur d'une maison de paysans.

A la pierre noire et au lavis de bistre. Collection du marquis de Lagoy.

230 — Vieux refrain. Composition de sept figures. Un vieillard chante, en tenant son verre, tandis qu'une autre l'accompagne sur le violon. Trois personnages écoutent le chanteur, deux autres sont dans le fond.

Superbe dessin à la plume et au lavis d'encre de Chine.

OSTADE (ISAAC VAN)

231 — Cour de ferme Hollandaise.

A la pierre noire et au lavis d'encre de Chine. Collection Mouriau.

OUDRY (J.-B.)

232 — Chasse au sanglier.

A la pierre noire.

233 — Gibier mort.

A la pierre noire, rehaussé de blanc.

234 — Ornement.

Pierre noire lavée de couleurs.

OUDRY (J.-B.)

235 — La Curée.

A la pierre noire rehaussé de blanc et de rouge.

236 — Chien et chat.

A la pierre noire et au lavis d'encre de Chine.

237 — Tête de chien d'arrêt.

Pierre noire, rehaussée de blanc.

238 — Études de chiens.

A la plume.

PARMIGIANO (F.-M.)

239 — Composition allégorique.

A la plume.

PARROCEL (J.)

240 — Bataille.

A la plume et au lavis d'encre de Chine.

241 — Bataille.

A la plume et au lavis d'encre de Chine.

242 — Bataille.

Beau dessin à la plume et à l'aquarelle. Collection du marquis de Lagoy.

PEETERS (B.)

243 — Marine.

A la plume et au lavis de bistre.

PENNI (Lucas), dit le Fattore

244 — Sujet mythologique.

A la plume et au lavis de bistre.

245 — Sujet mythologique.

A la plume et au lavis de bistre.

PERRAULT (Claude)

246 — Arc de triomphe dont l'érection, à la barrière du Trône, commencée sous Colbert, ne fut pas continuée.

Magnifique dessin avec quantité de figures. A la plume et à l'aquarelle. Collection D.

PIERRE (J.-B.-M.)

247 — Deux dessins. Scène champêtre, Loth et ses filles.

A la sanguine.

PILLEMENT (Jean)

248 — Quatre dessins d'ornement pour panneaux. Quatre feuilles.

A la plume et au lavis d'encre de Chine.

PINAS (Jacob)

249 — Paysage avec berger et son troupeau.

A la plume, lavé de bistre.

PRIEUR

250 — Dessin d'ornement pour une porte à deux vantaux.

A la plume et au lavis de couleurs.

POCCETTI (B.)

251 — Une Procession.

A la plume et au lavis de bistre.

PROUT (Samuel), école anglaise

252 — Paysage.

A l'aquarelle.

PUGET (Pierre)

253 — Travaux de constructions navales dans un port de mer.

Beau dessin à la pierre noire et au lavis d'encre de Chine.

QUÉVERDO (J.-M.)

254 — Le Triomphe de la foi.

A la mine de plomb sur vélin. Signé, daté J.-M. Quéverdo del. 1769.

RAFFET

255 — Épisode du sac de ~~l'église Saint-Merri~~.

RAIMONDI (MARC-ANTOINE)

256 — Bacchanale.

Très beau dessin à la plume, attribué à Rubens, dont il porte la signature. Collection J.-C. Robinson.

REMBRANDT (VAN RYN)

257 — Job sur son fumier.

Croquis à la plume, lavé de bistre.

258 — La rencontre d'Éliézer et de Rébecca.

A la plume. Cabinet Andréossy.

259 — Homme en buste, vu de profil avec une plume à sa coiffure.

Beau dessin à la plume et au lavis de bistre. Collection Andréossy.

REYNOLDS (JOSHUE)

260 — Femme en buste avec chapeau à plumes.

A la pierre noire et à la sanguine.

261 — Feuille d'études pour des portraits avec le nom des personnages.

A la mine de plomb.

RIBERA (J.), dit L'ESPAGNOLET

262 — Deux Hommes armés.

A l'encre rouge et au lavis de sanguine. Signé et daté 1628. Ce dessin a été tiré aux carreaux.

RIDOLFO (M. DI)

263 — Deux figures : homme et femme.

A la sanguine. Collection Richardson fils, Robert Udney, J. Banks, et de Triqueti.

RIGAUD (H.)

264 — Portrait d'homme.

A la pierre noire, à la sanguine, avec rehauts de blanc.

ROBERT (HUBERT)

265 — Monument près d'une place publique.

A la sanguine. Daté 1762.

266 — L'Artiste dans la prison du Temple sous la Terreur. Un geôlier lui apporte sa nourriture.

A l'aquarelle. Signé Robert.

ROBERT (LÉOPOLD)

267 — Jeune fille Suisse portant une hottée d'herbes.

Au lavis de bistre.

ROBUSTI (J.), dit LE TINTORET

268 — La Communion des Apôtres.

A la plume et au lavis de bistre.

ROMANET

269 — Portrait de l'acteur Préville.

A la pierre noire. A été gravé.

ROMEYN (W.)

270 — Animaux conduits par un pâtre et une bergère.

A la pierre noire et au lavis d'encre de Chine. Signé.

RONDANI (F.-M.)

271 — La Vierge et l'Enfant Jésus.

A la pierre noire. Collection comte Gelossi et J. Supen.

ROOS (J.-H.)

272 — Étude de moutons.

A la mine de plomb.

273 — Berger gardant son troupeau.

A la plume et au lavis de bistre. Signé, daté 1679. Collection Mouriau.

ROSA (S.)

274 — Marine. Temps orageux.

A la plume, lavé de bistre. On lit au bas du dessin : « 24 Agosto il giorno di S° Luigi. »

ROSLIN (A.)

275 — Portrait du cardinal Conti, nonce à Lisbonne en 1774.

A la pierre noire. Signé.

ROTTENHAMER (J.)

276 — Scène biblique.

A la plume, lavé de bistre avec rehauts de blanc. Sur papier jaune. Signé, daté Venetiæ, 1597.

277 — Moïse sauvé des eaux.

A la plume, lavé d'encre de Chine.

ROWLANDSON

278 — Deux dessins sur deux feuilles : Matelot anglais, Matelot français.

A l'aquarelle.

279 — Dissolution de société.

Plume et aquarelle. Avec la gravure.

280 — Scène d'hiver. Nombreuses figures dans les poses les plus divertissantes prenant leurs ébats sur un canal glacé.

A la plume et à l'aquarelle. Signé et daté 180, le dernier chiffre de la date a été coupé.

RUBENS (P.-P.)

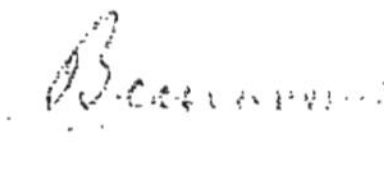
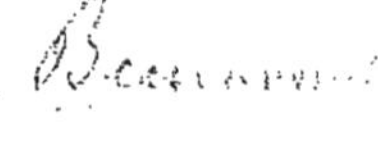
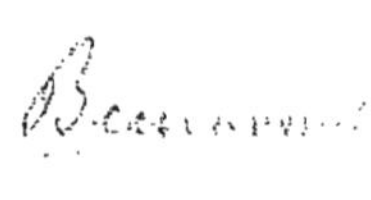

281 — Têtes d'enfants. Étude.

A la pierre noire.

282 — Fragment du Jugement dernier.

A la sanguine et à la pierre noire avec rehauts de blanc.

RUGENDAS (Ph.)

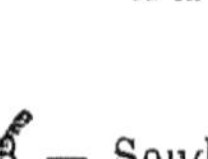

283 — Soudards au repos.

A la plume et au lavis de bistre.

RUYSDAEL (J.)

284 — Bords d'un canal en Hollande.

A la pierre noire et au lavis d'encre de Chine.

285 — Paysage.

A la pierre noire, lavé d'encre de Chine.

SADELER (J.)

286 — Deux dessins sur deux feuilles : Saint Guillaume et saint Pierre apôtre.

A la plume et au lavis d'encre de Chine, avec rehauts de blanc sur papier gris. Collections Jean et Pierre Visscher, de Bâle.

SAENREDAM (P.)

287 — Les Parques.

A la plume, lavé d'indigo. Collection Duval Le Camus.

SAFT-LEVEN (H.)

288 — Coin de village L'artiste s'est représenté assis et dessinant. Signé du monogramme.

A la pierre noire et au lavis de bistre.

SAINT-AUBIN (Gabriel de)

289 — Deux dessins d'ornement pour armoiries. Deux feuilles.

A la sanguine, à la plume et au lavis de sanguine.

290 — Scène d'intérieur.

A la pierre noire.

291 — Tête de jeune fille vue de profil.

A la plume et à la pierre noire.

292 — Le Festin des dieux.

A la pierre noire.

293 — La Promenade.

Jolie composition de trois figures à la plume, lavé de bistre, Collection Choron.

SALVIATI (C.)

294 — Frise avec armoiries. Mucius Scœvola devant Porsenna.

A la plume, lavé d'aquarelle.

SANZIO (Rafaello)

295 — Beau dessin d'ornement pour les Loges.

A la plume. Collections sir Joshua Reynolds, H. de Triqueti et Ch. Timbal.

SARTE (Andrea del)

296 — Deux dessins sur deux feuilles :

1° Tête d'homme.

A la sanguine.

2° Homme portant un brûle-parfums.

A la pierre noire.

SCHOOREL (J.)

297 — Le Christ portant sa croix.

Beau dessin à la plume, lavé de bistre.

SEVIN (L.), xviie siècle

298 — Deux dessins sur deux feuilles pour illustration de livre.

A la plume, lavés d'encre de Chine. Signés.

SIRANI (E.)

299 — La Vierge et l'enfant Jésus entourés d'une gloire d'anges.

A la plume, rehaussé d'or. Collections du comte de Fries et du marquis de Lagoy.

SLINGELANDT (P.)

300 — Scène d'intérieur.

A la plume, lavé de bistre. Collection Ard.

SLODTZ (M.-A.)

301 — Deux dessins sur deux feuilles. Apollon jouant de la lyre. Naufragé implorant le ciel.

A la sanguine.

SWEBACH-DESFONTAINES (J.)

302 — Marché aux chevaux. Au verso convoi militaire.

A la plume, lavé de sépia.

303 — Le port neuf de Toulon, vu du vieux môle.

Importante composition à la plume.

304 — Le port de Brest, vu du magasin des vivres, en face de la chaîne. Pendant du précédent.

A la plume.

305 — La collation champêtre.

Joli dessin à la plume, à l'aquarelle, avec rehauts de gouache. Signé, daté 1788.

306 — Le Retour. Pendant du précédent.

A la plume et à l'aquarelle, avec rehauts de gouache. Signé et daté 1788.

TÉNIERS (David)

307 — L'École des singes.

A la plume et au lavis de couleurs.

308 — La Guinguette des singes.

A la plume et au lavis de couleurs.

TESTA (P.)

309 — Le massacre des innocents.

A la plume et à la sanguine. Collection Richardson fils.

TIEPOLO (D.)

310 — Deux feuilles. Chevaux.

A la plume et au lavis de bistre.

TIÉPOLO (G.-B.)

311 — Etude pour plafond.

Plume et lavis de bistre.

312 — Décoration pour plafond.

A la plume et au lavis de bistre.

313 — Bourreau s'apprêtant à décapiter une femme, à qui un moine montre le ciel.

A la plume et au lavis de bistre.

TORO (B.)

314 — Trois vases sur la même feuille, fond d'architecture.

A la plume et au lavis de bistre.

TROOST (CORNEILLE)

315 — Scène de théâtre.

A la plume et à l'aquarelle.

TROY (J.-B.-F. DE) LE FILS

316 — Esther et Assuérus.

Pierre noire sanguine et lavis d'encre de Chine.

TURNER (G.)

317 — Paysage d'un grand effet.

Au lavis d'encre de Chine sur dessous de mine de plomb.

UDINE (G. DA)

318 — Ornements.

A la plume et au lavis de bistre.

ULFT (J. VAN DER)

319 — Vue de ville en Orient.

A la plume et au lavis de bistre. Signé et daté 1680.

VALCKENBURG (D.)

320 — Jeune garçon tenant un chien sur ses genoux.

Pierre noire sur papier gris. Signé.

VECELLIO (Tiziano), dit le Titien

321 — Berger assis appuyé sur un bâton.

A la plume.

322 — Trois croquis sur la même feuille.

A la plume. Collection du baron Denon.

323 — Feuille d'études.

A la plume. Collections W. Esdaile et lord Spencer.

VELASQUEZ (Don Diego)

324 — Soldats traversant une rivière sur un bac.

A la pierre noire, sur papier gris.

VELDE (A. Van de)

325 — Place publique dans un port de mer.

A la plume et au lavis de bistre.

326 — Paysage.

A la plume et au lavis d'encre de Chine. Signé du monogramme.

VELDE (Esaïas Van de)

327 — Trois femmes avec leurs enfants font la conversation autour d'un cuvier.

Beau dessin à la plume et au lavis de bistre.

VELDE (G. Van de)

328 — Marine. Temps calme.

Au lavis d'encre de Chine. Collection Jules Dupan.

329 — Bonne brise.

Fin dessin à la plume et au lavis d'encre de Chine.

330 — Deux dessins. Matelots faisant la manœuvre. Deux feuilles.

Au lavis d'encre de Chine.

VERSCHUUR (W.)

331 — Têtes de chiens de différentes espèces.

Au crayon et au lavis d'encre de Chine. Signé et daté 1839.

VERSCHUURING (H.)

332 — Convoi en marche.

Au lavis d'encre de Chine. Signé du monogramme.

VERNET (Carl)

333 — Six feuilles. Le comédien Lepeintre jeune dans divers rôles.

A l'aquarelle.

334 — L'Artiste faisant recoudre sa chaussure.

Au lavis d'encre de Chine.

VERNET (Horace)

335 — Deux dessins sur deux feuilles. La Mort de Poniatowski, — Une Embuscade.

Lavis de bistre et d'encre de Chine.

VERNET (Joseph)

336 — Arbres submergés, tempête près des côtes. Deux feuilles.

A la plume, collection Niodot, et au lavis d'encre de Chine.

337 — Son portrait par lui-même.

A la sanguine et au lavis de sanguine.

VINCI (Leonardo da)

338 — Tête grotesque (homme).

A la plume.

339 — Figure grotesque (femme).

A la sanguine. Collections Crozat et J.-C. Robinson.

VOILLEMOT (Ch.)

340 — Tête de bacchante.

Crayon noir, avec rehauts de blanc, sur papier gris.

VOLTERRE (Daniel de)

341 — Fragment du Jugement dernier, d'après Michel-Ange.

A la pierre noire.

WATTEAU (A.)

342 — Deux dessins. Paysages. Deux feuilles.

A la sanguine. Collection Jean Gigoux.

WATTIER (E.)

343 — Les Quatre Saisons. Projets de décoration d'un vase exécuté à la manufacture de Sèvres.

Au crayon noir sur papier gris, avec rehauts de blanc. Quatre dessins.

WEIROTTER (E.)

344 — Deux paysages. Deux dessins sur deux feuilles.

A la sanguine.

WILLE LE PÈRE

345 — Deux dessins pour des contes de fées. Deux feuilles.

Plume et lavis de sépia.

WILLE (P.-A.) LE FILS

346 — Buste de jeune fille, dessin très terminé.

A la pierre noire.

WOUWERMAN (PHILIPS)

347 — Chevaux à l'abreuvoir.

Beau dessin à la pierre noire et au lavis d'encre de Chine.

ZUCCARELLI

348 — Paysage avec figures et animaux.

A la plume et au lavis d'encre de Chine.

ZUCCARO (FEDERIGO)

349 — Joueurs de boules sur une place publique.

Collection du comte Gelosi.

ZUCCARO (Taddeo)

350 — Scène du déluge.

A la plume et au lavis de bistre, avec rehauts de blanc.

351 — Sous ce numéro seront vendus environ vingt dessins modernes, Vollon, Decamps, Courbet, etc., etc., quelques lots de portraits d'acteurs, et environ cinq cents dessins en lots.

Paris. — Imprimerie Pillet et Dumoulin, 5, rue des Grands-Augustins.

www.ingramcontent.com/pod-product-compliance
Ingram Content Group UK Ltd.
Pitfield, Milton Keynes, MK11 3LW, UK
UKHW021120230726
13926UKWH00002B/568